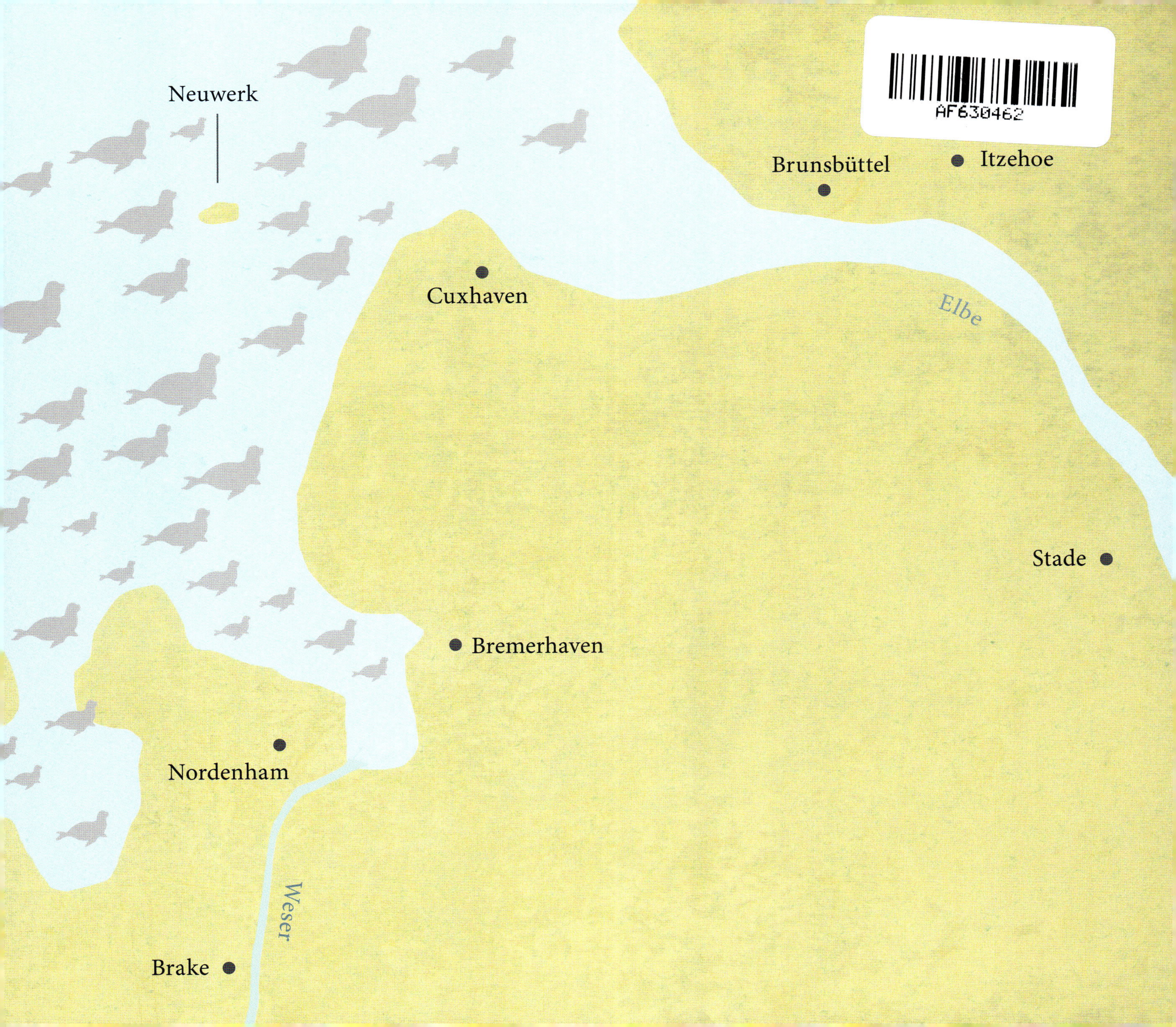
Neuwerk
Brunsbüttel
Itzehoe
Cuxhaven
Elbe
Stade
Bremerhaven
Nordenham
Weser
Brake

6. Auflage 2026

Konzept und Text: Bärbel Oftring, Böblingen
Illustrationen und Satz: Jana Walczyk, Osnabrück

Druck und Bindung: TBB, a. s., Banksá Bystrica · Printed in the Slovak Republic
Gerstenberg Verlag GmbH & Co. KG, Rathausstraße 18–20, D-31134 Hildesheim
verlag@gerstenberg-verlag.de · ISBN 978-3-8369-6015-1

PRODUZIERT IN DER EUROPÄISCHEN UNION

FSC www.fsc.org MIX Papier | Fördert gute Waldnutzung FSC® C022120

Bärbel Oftring
Jana Walczyk

Der kleine Seehund und das Meer

GERSTENBERG

Heringsmöwe
Mantelmöwe
Seehund
Kegelrobbe

Robben sind fürs Wasser wie gemacht. Ihr stromlinienförmiger Körper ist perfekt an das Leben im Meer angepasst. An Land sind sie jedoch unbeholfen und träge. So findet fast alles, was im Leben der Robben wichtig ist, im Wasser statt. Nur zum Gebären, zum Säugen und zum Ruhen kommen sie an Land.

An den Küsten aller Weltmeere leben rund 35 verschiedene Robbenarten. Bei uns an der Nordsee kommen nur zwei Arten vor: der Gemeine Seehund und die Kegelrobbe. In diesem Buch geht es um den Gemeinen Seehund. Er ist nicht wirklich gemein oder fies, „gemein" bedeutet nur „gewöhnlich": Der Seehund ist die häufigste Robbe an der Nordsee.

Ende Mai zieht sich die Seehundmutter auf eine einsame Sandbank zurück. An diesem abgeschiedenen Ort bringt sie ihr Kind zur Welt. Fast elf Monate lang ist es geborgen in ihrem dicken Bauch herangewachsen. Nun ist er endlich da, der kleine Seehund. Die beiden beschnuppern sich innig und saugen den Duft des anderen tief ins Gedächtnis ein. Der Geruch und der Klang ihrer Stimmen verbinden Mutter und Kind fest miteinander. Diese Verbindung muss in den nächsten Wochen halten, selbst bei größter Gefahr. Sie ist überlebenswichtig für den kleinen Seehund: Würde er die Mutter verlieren, müsste er sterben. Denn niemand außer ihr würde sich um ihn kümmern, das ist so bei den Robben.

Taschenkrebs

Noch ist Ebbe und Mutter und Kind nutzen die kostbare Zeit, um sich auszuruhen. Eine Geburt ist anstrengend für die Mutter, noch mehr jedoch für den kleinen Seehund. Die Seehundmutter legt sich zur Seite und der kleine Seehund beginnt sofort an den Zitzen zu saugen. Diese erste Muttermilch ist eine ganz besondere Milch: Sie enthält wichtige Bestandteile, die den kleinen Seehund stärken und gesund halten. Muttermilch wird in den nächsten Wochen seine einzige Nahrung sein.

Lachmöwe

Fast unmerklich ist die Flut gekommen. Von Minute zu Minute steigt das Wasser und überflutet schließlich die einsame Sandbank. Die Mutter begibt sich ins Wasser und der kleine Seehund folgt ihr ganz selbstverständlich nach. Für ihn ist sie das Wichtigste auf der Welt. Seehunde werden mit einem wasserdichten Fell geboren und können sofort schwimmen. Der kleine Seehund bleibt dicht bei seiner Mutter und klammert sich immer wieder mit seinen Krallen auf ihrem Rücken fest, um ein wenig auszuruhen – er ist ja erst wenige Stunden alt.

Lachmöwe

Wohlbehalten hat der kleine Seehund sein erstes Bad im salzigen, kühlen Meerwasser überstanden. Die Ebbe schenkt ihm und seiner Mutter die nächste Ruhepause auf der Sandbank. Nun kann der kleine Seehund die nächste Milchmahlzeit zu sich nehmen.

Der kleine Seehund ist nun fast drei Wochen alt. Schon längst ist die Mutter mit ihm zu den anderen Robben zurückgekehrt. Im täglichen Rhythmus von Ebbe und Flut, von Ruhen und Schwimmen, hat der kleine Seehund dank der fetten Muttermilch ordentlich zugenommen. Er wiegt schon doppelt so viel wie bei der Geburt.

Lärmend hält ein Boot direkt auf die Sandbank zu, neugierige Menschen mit Kameras an Bord. Die Wellen schlagen heftig aufs Land. Unruhe und Hektik bricht unter den Seehunden aus. Panisch fliehen sie ins Wasser, jeder so schnell er kann, nur weg ins schützende Meer und abtauchen. Dem kleinen Seehund geht das alles viel zu schnell. Er bleibt zurück, ruft heulend nach der Mutter. Doch wo ist sie?

Die Menschen an Bord bemerken, dass sie die Seehunde erschreckt haben. Das Boot wendet und fährt davon. Die Seehunde beruhigen sich und kehren zurück auf die Sandbank. Der kleine Seehund heult, die Mutter ruft, der kleine Seehund heult … Endlich hört ihn die Mutter zwischen all den lauten Rufen der anderen Seehunde. Mutter und Kind finden sich – zum Glück! Der kleine Seehund ist gerettet.

Sardine
Scholle

Zwei Wochen später wiegt der kleine Seehund schon 25 Kilogramm. Er begleitet seine Mutter bei ihren Tauchgängen in den tiefen Prielen des Wattenmeers und beobachtet, wie sie Garnelen erbeutet oder Schollen und andere Fische jagt. Schon bald wird der kleine Seehund keine Muttermilch mehr trinken und selbst auf die Jagd gehen.

Der Sommer geht ins Land. Täglich sonnen sich die Seehunde viele Stunden lang. Das ist wichtig, denn die Strahlen der Sonne regen im Körper der Tiere die Bildung von Vitamin D an. Das ist unerlässlich für den jährlichen Haarwechsel bei den erwachsenen Tieren. Die alten abgenutzten Haare fallen aus und werden durch neue, kräftigere ersetzt, die den Körper der Seehunde im winterlichen Meer vor der Kälte schützen. Unter der Haut liegt zudem eine dicke Fettschicht als wärmendes Polster.

Seehunde besitzen große dunkle Augen, mit denen sie sich im Wasser und an Land orientieren. Während sie unter Wasser gut sehen können, nehmen sie an Land ihre Umgebung nur verschwommen wahr. Ihre Schnauze ist dicht besetzt mit hochempfindlichen Barthaaren. Mit ihnen können Seehunde selbst in den dunklen Tiefen des Meeres schwimmende Fische erkennen – nur an den Wirbeln im Wasser.
Seehunde haben keine Ohrmuscheln und trotzdem ein gutes Gehör. Die großen Ohren- und Nasenöffnungen werden vor dem Abtauchen dicht verschlossen. Im Maul trägt der Seehund 34 scharfe Zähne, denn Seehunde sind Raubtiere – auch der kleine Seehund, der nun zum Jäger heranwächst!

Hornhecht
Seeskorpion
Dorsch
Seestern

Die gemeinsame Zeit von Mutter und Kind nähert sich dem Ende. Noch jagt der kleine Seehund in der Nähe seiner Mutter. Längst hat er gelernt, Garnelen, Krabben und kleine Fische zu erbeuten. Je geschickter er wird, umso größere Beute kann er machen. Selbst Scholle und Flunder sind vor ihm nicht mehr sicher. Die enge Bindung zwischen ihm und seiner Mutter löst sich – und der kleine Seehund wird bald auf sich allein gestellt sein.

Für die Seehundmutter beginnt im August die nächste anstrengende Zeit, die Paarungszeit. Nun werden die Männchen aufdringlich. Unermüdlich stellen sie den Weibchen nach, die sich zunächst mit Bissen wehren oder auf eine Sandbank retten. Irgendwann haben die Annäherungsversuche schließlich Erfolg. Auch die Seehundmutter lässt es nun zu, dass ein Männchen sie unter Wasser mit seiner Schnauze packt und sich mit ihr paart. Und der kleine Seehund? Er interessiert sich noch nicht für das Treiben der Erwachsenen, schließlich wird er erst mit sechs Jahren geschlechtsreif.

Geburt, Jungenaufzucht, Haarwechsel und Paarung sind vorbei, nun kehrt Ruhe ins Leben der Seehunde ein. Tagein, tagaus geht es nur noch ums Jagen. Sonst gibt es nicht viel zu tun, die Tage sind lang und erholsam. Die zwei bis drei Kilogramm Nahrung, die jeder Seehund am Tag braucht, sind bald gefangen. Dann bleibt Zeit für ausgelassene Spiele. Ein Boot fährt vorbei, neugierig beäugt von Seehunden, Delfinen und Schweinswalen.

Weißschnauzendelfin
Schweinswal

Hering

Es wird Herbst und die Seehunde ziehen weit in die Nordsee hinaus, um dort zu jagen. Der kleine Seehund hat sich zu einem kräftigen Jungtier entwickelt. Erfolgreich erbeutet er genügend Nahrung für sich. Dann kehrt er wie die anderen ins Wattenmeer zurück. Am Sandstrand ruht er sich aus und verdaut die vielen Fische in seinem Bauch, bevor es wieder aufs Meer hinausgeht. Dieser Rhythmus von Jagen und Ruhen prägt den Herbst und den Winter bis weit ins Frühjahr hinein. Gewicht zulegen und Kräfte aufbauen für die nächste strapaziöse Sommerzeit, das ist nun wichtig, auch für den kleinen Seehund.

Basstölpel
Gemeine
Herzmuschel

Die Maisonne wärmt den Sand. Die Seehunde kehren an die Küste der Nordsee zurück. Der kleine Seehund ist nicht mehr klein. Er ist so groß und kräftig wie seine Eltern geworden. Er hat sich zu einem hervorragenden Fischjäger entwickelt, kann 200 Meter tief tauchen und bis zu 30 Minuten unter Wasser bleiben. Nicht alle kleinen Seehunde haben so viel Glück wie er und überleben den ersten Winter. In diesem Sommer und auch in den nächsten Jahren wird der Seehund im Takt von Ebbe und Flut ruhen und schwimmen, denn es dauert noch ein paar Jahre, bis er selbst Nachwuchs haben wird.

Gemeiner Seehund

Phoca vitulina

Gehört zu den Hundsrobben.

Körperlänge: Weibchen 1,2 – 1,5 m, Männchen 1,5 – 1,8 m
Gewicht: Weibchen bis zu 80 kg, Männchen bis zu 100 kg
Alter: bis zu 35 Jahre

Lebensraum: Nordamerika, Europa, Asien

Geschwindigkeit: bis zu 35 Kilometer pro Stunde im Wasser, an Land nur langsam robbend

Tintenfisch

Wie viele Seehunde gibt es an der Nordsee?
Biologen schätzen, dass heutzutage fast 40 000 Seehunde im niederländischen, deutschen und dänischen Wattenmeer leben. Tendenz zunehmend.

Garnele

Taschenkrebs

Lachs

Hering

Was fressen Seehunde?
Fische sind die einzige Nahrung ausgewachsener Seehunde, aber sie beschränken sich nicht nur auf eine Fischart. In den Prielen des Wattenmeers gehören vor allem Plattfische wie Schollen zu ihrer Beute. Im freien Wasser machen sie auch Jagd auf Heringe, Sardinen, Dorsche, Lachse und Stinte. Jüngere Seehunde fangen zunächst Krebse, Krabben, Garnelen, Muscheln und andere Meerestiere, die leichter zu erbeuten sind.

Scholle

Sardine

Dorsch

Was sind Heuler?
Von der Mutter verlassene, hilflose und wenige Wochen alte Seehundjunge werden Heuler genannt. Alle jungen Seehunde geben heulende Rufe von sich, mit denen sie in Kontakt mit der Mutter bleiben. Darum sind nicht alle heulenden Seehundjunge „Heuler“.

Wie verhalte ich mich, wenn ich einen Seehund sehe?
Für Seehunde sind die Ruhezeiten auf den Sandstränden und -bänken lebenswichtig. Halte daher mindestens 30 Meter Abstand zu den ruhenden Robben. Bleib von jungen Robben fern und fasse sie niemals an.

Wodurch sind Seehunde bedroht?
Vor allem die Verschmutzung der Meere mit Plastikteilen, Öl und anderen Giften setzt den Seehunden zu. Sie stehen am Ende der Nahrungskette. Daher nehmen sie auch die Giftstoffe zu sich, die sich in ihren Beutetieren angereichert haben.

Was passiert mit jungen Seehunden, die mutterlos gefunden werden?
Rufen junge Seehunde heulend nach der Mutter, müssen Mutter und Kind erst einmal genügend Zeit bekommen, sich wiederzufinden. Wenn sicher ist, dass die Mutter tatsächlich nicht zurückkommt, werden die Heuler zu einer der beiden deutschen Seehundaufzuchtstationen in Norden-Norddeich oder Friedrichskoog gebracht. Hier werden die Jungtiere versorgt und als kräftige Seehunde im Herbst wieder dort ausgesetzt, wo sie im Sommer gefunden wurden.

Wo kann ich Seehunde beobachten, ohne sie zu stören?
In der freien Natur kannst du Seehunde leicht auf dem Nord- und Südstrand der Düne (Badeinsel) von Helgoland beobachten, natürlich mit mindestens 30 Meter Abstand. Die Seehundaufzuchtstationen sind täglich für Besucher geöffnet, ebenso der Zoo am Meer Bremerhaven:

Seehundstation Friedrichskoog
An der Seeschleuse 4
25718 Friedrichskoog
www.seehundstation-friedrichskoog.de

Seehundstation Norddeich
Dörper Weg 24
26506 Norden
www.seehundstation-norddeich.de

Zoo am Meer Bremerhaven
H.-H.-Meier-Straße 7
27568 Bremerhaven
www.zoo-am-meer-bremerhaven.de

Arktischer Ozea
Nordamerika
Europ
Afrika
Atlantischer Ozean
Pazifischer Ozean
Südamerika
Hier kommen Seehunde vor.